KB246568

삶의 애환을
달래 주는 필사 트로트 명곡

# 100

삶의 애환을
달래 주는 필사 트로트 명곡

# 삶의 애환을
# 달래 주는 필사  트로트 명곡
# 100

조성진 서문

한스미디어

〈여로〉나 〈아씨〉, 〈수선화〉, 〈수사반장〉, 〈113 수사본부〉, 〈웃으면 복이 와요〉 등은 1970년대 최고의 인기 프로그램이었다. 그러나 70년대 초만 해도 TV가 귀하던 시절이다. 그래서 일찍 저녁 식사를 하고 TV가 있는 이웃집으로 '마실' 가는 사람도 적지 않았다. 어제에 이어 오늘은 어떻게 이야기가 전개될지 연속극 내용이 너무 궁금했기 때문이다. 특히 〈여로〉나 〈아씨〉 같은 인기 연속극을 하는 시간에는 TV가 있는 거실 또는 방문을 활짝 열어놔야 했다. 연속극을 보려고 몰려든 동네 사람들이 모두 앉기에는 너무 비좁았기 때문이다.

〈여로〉를 방영하던 시절이 아마 내가 초등학교 1학년 때였을 것이다. 어떤 내용인지 이해하기 힘든 나이였지만 동네 사람들이 모이는 시간이라 나도 함께 TV 앞에 앉아 있었던 기억이 난다. 그러다가 어머니가 "저 나쁜 놈"이라고 하면 함께 TV를 보던 동네 사람들도 기다렸다는 듯 욕설을 해대며 드라마 속 캐릭터를 비난했다. 이걸 본 나는 어머니에게 "왜 나한테는 욕하면 안 된다고 해놓고 엄마는 욕하는 거야?"라고 따졌다. 그러나 연속극에 몰입한 어머니에게 내 말이 들릴 리 없었다. 연속극이 끝나면 이웃 중 한두 명은 "연속극 잘 봤다"며 고구마나 감자, 오이 등을 놓고 가기도 했다. 다들 먹고살기 어려웠지만 농산물이 흔하던 시절인 만큼 이런 행동은 이웃과 친분을 다지는 '부담되지 않는' 것 중 하나였다.

이웃 간 정이 돈독하던 1970년대의 TV에서 자주 접할 수 있던 것도 트로트다. 당시 기준으로 트렌디한 노래를 율동과 함께 부르던 가수들도 있었지만 이미자를 필두로 나훈아, 조미미, 김부자, 김세레나 등 트로트로 우리 정서를 노래하던 음악인들도 많았다. 라디오에서도 남인수, 이난영, 배호, 현인, 은방울 자매 등의 노래를 쉽게 들을 수 있었다. 1980년대 들어서도 트로트 음악의 인기는 식지 않았다. KBS TV에서 방영한 <이산가족을 찾습니다>라는 프로그램의 영향으로 온 국민의 애환을 함께하는 장르로 더욱 굳건해졌다. 〈누가 이 사람을 모르시나요〉와 〈잃어버린 30년〉등의 노래는 이후 '이산가족' 하면 떠오르는 곡으로 자리했을 정도다. 그러나 1980년대 후반과 1990년대가 되면서 대중음악 트렌드가 급변했고, 국내 방송사들도 트로트보다 젊은 층에서 인기를 얻는 장르의 가수를 출연시키길 선호했다. 이후 트로트는 TV에서 트로트 가수가 노래하는 모습을 본다는 게 희귀해질 만큼 30여 년 가까이 변방의 장르 취급을 받았다.

2019년과 2020년경이 되면서부터 〈미스트롯〉과 〈미스터트롯〉 같은 트로트 경연 프로그램이 주목받으며 TV에서 트로트를 접할 기회가 많아졌다. 이제 TV를 틀면 트로트 가수를 쉽게 볼 수 있다. 신예에서 중진에 이르기까지 전 세대에 걸친 트로트 가수들이 출연해 시청자들을 즐겁게 한다. 10여 년 전만 해도 젊은 층은 트로트에 호의적이지 않았는데 상황이

변하고 있다. 어린이에서 10대 소년·소녀는 물론 실용음악 및 클래식 전공자들까지 트로트계로 진출하고 있을 정도다. 세계 최대 음반 기업 중 하나인 워너뮤직의 한국지사 워너뮤직코리아는 2022년 당시 중학교 2학년인 정서주와 전속 계약을 체결해 화제를 모으기도 했다. 트로트의 인기와 시장성이 얼마나 대단한지 단적으로 보여주는 사례다. 현역 연주자들 사이에서도 K팝과 트로트를 함께 연주해야 진짜 잘 나가는 세션 연주자라는 말이 나올 정도다. 바야흐로 트로트 음악의 전성시대다.

이와 함께 산업적 측면에서도 트로트는 대중음악을 견인하는 중요한 축으로 자리하게 됐다. 음원 및 공연시장 활성화는 물론 '시니어 팬덤'이라는 새로운 형태의 문화까지 등장하기에 이르렀다. 이전까지 대중음악의 가장 강력한 소비층이 10대와 20대 중심의 젊은 팬이었다면, 트로트를 통해 50대 또는 그 이상 세대가 소비의 주체로 나서며 시장을 움직이고 있다. 한국콘텐츠진흥원이 매년 발간하는 《음악산업백서》에 따르면 국내에서 즐겨듣는 음악 장르 부동의 1위는 발라드다. 2위는 댄스/아이돌, 3위가 OST, 그다음이 트로트 순이다. OST는 해당 작품(영화·드라마)마다 다양한 장르의 곡이 삽입되는 만큼 엄밀히 본다면 '장르'라는 카테고리에 부합하지 않는다. 따라서 국내에서 즐겨듣는 음악 장르는 1위 발라드, 2위 댄스/아이돌, 3위 트로트라고 보는 게 정확하다. 이 조사는 이전까지 랩/힙

합과 R&B소울 장르가 트로트 음악을 앞서왔다는 점에서 트로트 장르가 얼마나 빠르게 국내 음악의 대표 장르로 자리했는지 깨닫게 해 준다. 공연 티켓 예매에서도 다른 많은 공연을 제치고 트로트가 베스트 상위권을 차지하고 있다. '인터파크티켓(현 NOL티켓)'의 요 몇 년 추이를 보면 티켓 판매 동향에서 트로트 콘서트가 상위권에 오르고 있는 걸 볼 수 있다.

이러한 '시니어 팬덤'의 부상은 의미가 크다. 아들·딸이 좋아하는 가수의 공연장을 찾아 땀 흘리고 열광하며 음반을 구매하고 행복해하는 걸 보던 부모 세대가 이제는 대중음악 소비의 주체로 등장하기 시작했다. 시니어 팬덤도 젊은이들처럼 좋아하는 가수의 음반을 구매하고 해당 소속사에 팬레터를 보내며 공연장을 찾아가 곡을 따라 부르며 열광한다. 이러한 행위는 자신이 살아있음을 주장하는 또 다른 방식이기도 하다. 시니어 팬덤의 지지가 없었다면 임영웅의 오늘도 없었다. 시니어 팬덤 세대의 공통점은 가족 부양이라는 '우주에서 가장 중요한' 미션 수행을 위해 앞만 보고 열심히 달려왔다는 점이다. 먹고살 만큼의 경제적 미션을 이룬 뒤에는 무언가 부족함이나 일말의 공허함이 들기 마련이다. 자식에게 "엄마(아빠)는 몰라도 너무 모른다"라는 핀잔을 듣기 일쑤다. 한때 정치·경제·사회·문화 전반 이해와 통찰력으론 둘째가라면 서러웠던 자신이 어느덧 '문화적 등신'이 된 것이다. 너무 후회스럽다. 이제라도 늦지 않았다. 똘똘

했던 그 시절, 좋아하는 걸 하고 살던 그 시절로 돌아가자! 시니어 계층의 이러한 외침은 강력하고 끈끈한 유대로 빠른 시간에 높은 확장성의 팬덤을 구축할 수 있었다. 달릴 땐 힘들었지만 그때 그 시절을 생각하면 아름답고 두근거리거나 또는 아프거나 즐겁다. 각자의 삶과 함께하며 추억이란 시간을 축적해 왔기 때문이다. 그때 그 시절을 함께한 트로트는 그래서 더욱 남다른 감성으로 다가온다.

《삶의 애환을 달래 주는 필사 트로트 명곡 100》은 우리 삶과 함께한, 결코 잊을 수 없는 트로트 음악을 집대성한 책이다. 물론 우리 삶과 함께한 트로트 명곡들이 어디 한두 곡일까. 그 많은 노래 중에서 100곡을 뽑는다는 건 보통 힘든 일이 아닐 것이다. 왜 이 곡이 빠졌을까 의아해할 수도 있다. 나는 출판사의 기획 의도를 존중한다. 이 책에 나와 있는 곡을 따라 순서대로 필사하면 그것이 곧 한국 트로트의 어제와 오늘을 더듬어 보는 행위일 것이고, 힘들었지만 훈훈했던 그때 그 시절로 돌아가 추억 속에 빠지는 시간이 되기도 할 것이다. 가사를 옮겨 적으며 곱씹고 또 곱씹다 보면 트로트라는 음악이 인간의 감정을 얼마나 쉽고도 간결하게 노랫말의 미학 속에 담았는지 알게 될 것이다.

| 조성진(음악평론가, 스포츠한국 연예부국장) |

차례

# 1부

지나친 그 세월이
나를 울립나다

# 황성옛터

1928

[왕평 작사, 전수린 작곡] – 이애리수

황성옛터에 밤이 되니 월색만 고요해

폐허에 서린 회포를 말하여 주노라

아~ 외로운 저 나그네 홀로이 잠 못 이뤄

구슬픈 벌레 소리에 말없이 눈물겨요


성은 허물어져 빈터인데 방초만 푸르러

세상이 허무한 것을 말하여 주노라

아~ 가엾다 이 내 몸은 그 무엇 찾으려

끝이 없는 꿈의 거리를 헤매어 있노라


나는 가리라 끝이 없이 이 발길 닿는 곳

산을 넘고 물을 건너 정처가 없이도

아~ 한없는 이 심사를 가슴속 깊이 품고

이 몸은 흘러서 가노니 옛터야 잘 있거라

# 타향살이

1934

[김능인 작사, 손목인 작곡] - 고복수

타향살이 몇 해던가

손꼽아 헤어보니

고향 떠난 십여 년에

청춘만 늙고


부평 같은 내 신세가

혼자도 기막혀서

창문 열고 바라보니

하늘은 저쪽


고향 앞에 버드나무

올봄도 푸르련만

버들피리 꺾어 불던

그때는 옛날


타향이라 정이 들면

내 고향 되는 것을

가도 그만 와도 그만

언제나 타향

# 목포의 눈물

1935

[문일석 작사, 손목인 작곡] - 이난영

사공의 뱃노래 가물거리며
삼학도 파도 깊이 숨어드는데
부두의 새아씨 아롱 젖은 옷자락
이별의 눈물이냐 목포의 설움

삼백 년 원한 품은 노적봉 밑에
님 자취 완연하다 애달픈 정조
유달산 바람도 영산강을 안으니
님 그려 우는 마음 목포의 노래

깊은 밤 조각달은 흘러가는데
어찌타 옛 상처가 새로워진가
못 오는 님이면 이 마음도 보낼 것을
항구에 맺는 절개 목포의 사랑

# 짝사랑

1936

[김능인 작사, 손목인 작곡] – 고복수


아~ 으악새 슬피 우니 가을인가요
지나친 그 세월이 나를 울립니다
여울에 아롱 젖은 이즈러진 조각달
강물도 출렁출렁 목이 멥니다


아~ 뜸북새 슬피 우니 가을인가요
잃어진 그 사랑이 나를 울립니다
들녘에 떨고 섰는 임자 없는 들국화
바람도 살랑살랑 맴을 돕니다


아~ 단풍이 휘날리오니 가을인가요
무너진 젊은 날이 나를 울립니다
궁창을 헤매이는 서리 맞은 짝사랑
안개도 후유 후유 한숨집니다

# 눈물 젖은 두만강

1938

[김형우 작사, 이시우 작곡] – 김정구

두만강 푸른 물에 노 젓는 뱃사공

흘러간 그 옛날에 내 님을 싣고

떠나든 그 배는 어데로 갔소

그리운 내 님이여 그리운 내 님이여

언제나 오려나


강물도 달밤이면 목메어 우는데

님 잃은 이 사람도 한숨을 지니

추억에 목메인 애달픈 하소

그리운 내 님이여 그리운 내 님이여

언제나 오려나


님 가신 강 언덕에 단풍이 물들고

눈물진 두만강에 밤새가 울면

떠나간 그 님이 보고 싶고나

그리운 내 님이여 그리운 내 님이여

언제나 오려나

# 애수의 소야곡

1938

[이부풍 작사, 박시춘 작곡] - 남인수

운다고 옛사랑이 오리요만은
눈물로 달래보는 구슬픈 이 밤
고요히 창을 열고 별빛을 보면
그 누가 불러주나 휘파람 소리

차라리 잊으리라 맹세하건만
못 잊을 미련인가 생각하는 밤
가슴에 손을 얹고 눈을 감으면
애타는 숨결마저 싸늘하고나

무엇이 사랑이고 청춘이던고
모두 다 흘러가면 덧없건만은
외로운 별을 안고 밤을 새우면
바람도 문풍지에 싸늘하고나

애수의 소야곡

"""

# 홍도야 우지 마라

1939

[이서구 작사, 김준영 작곡] - 김영춘


사랑을 팔고 사는 꽃바람 속에

너 혼자 지키려는 순정의 등불

홍도야 우지 마라 오빠가 있다

아내의 나갈 길을 너는 지켜라


구름에 쌓인 달을 너는 보았지

세상은 구름이요 홍도는 달빛

하늘이 믿으시는 내 사랑에는

구름을 걷어주는 바람이 분다


홍도야 우지 마라 굳세게 살자

진흙에 핀 꽃에도 향기는 높다

네 마음 네 행실만 높게 갖으면

즐겁게 웃을 날이 찾아오리라

# 나그네 설움

1940

[고려성 작사, 이재호 작곡] - 백년설

오늘도 걷는다마는 정처 없는 이 발길
지나온 자죽마다 눈물 고였다
선창가 고동 소리 옛 님이 그리워도
나그네 흐를 길은 한이 없어라

타관 땅 밟어서 돈 지 십 년 넘어 반평생
사나이 가슴속엔 한이 서린다
황혼이 찾어들면 고향도 그리워져
눈물로 꿈을 불러 찾어도 보네

낯익은 거리다마는 이국보다 차워라
가야 할 지평선엔 태양도 없어
새벽별 찬 서리가 뼛골에 스미는데
어데로 흘러가랴 흘러갈쏘냐



나그네 설움

[고려성 작사, 이재호 작곡] - 백년설

# 번지 없는 주막

1940

[반야월 작사, 이재호 작곡] - 백년설

문패도 번지수도 없는 주막에

굵은비 내리는 이 밤이 애절쿠려

능수버들 휘늘어진 창살에 기대어

어느 날짜 오시겠소 울던 사람아


석유등 불빛 아래 마주 앉아서

따르는 이별주에 밤비도 처량쿠려

새끼손을 걸어놓고 맹세도 했건만

못 믿겠소 못 믿겠소 울던 사람아


아주까리 그늘 아래 가슴 조이며

속삭이든 그 사연은 불같은 정이었소

귀밑머리 쓰다듬어 맹서튼 그 시절이

그립구려 그리워요 정녕 그리워

번지 없는 주막



[반야월 작사, 이재호 작곡] - 백년설

# 불효자는 웁니다

1940

[김영일 작사, 이재호 작곡] – 진방남

불러봐도 울어봐도 못 오실 어머님을
원통해 불러보고 땅을 치며 통곡해요
다시 못 올 어머니여
불초한 이 자식은 생전에 지은 죄를
엎드려 빕니다

손발이 터지도록 피땀을 흘리시며
못 믿을 이 자식의 금의환향 바라시고
고생하신 어머님이
드디어 이 세상을 눈물로 가셨나요
그리운 어머니

북망산 가시는 길 그리도 급하셔서
이국에 우는 자식 내 몰라라 가셨나요
그리워라 어머님을
끝끝내 못 뵈옵고 산소에 엎푸러져
한없이 웁니다

# 선창

1941

[조명암 작사, 이봉룡 작곡] - 고운봉


울려고 내가 왔던가 웃으려고 왔던가

비린내 나는 부둣가에 이슬 맺은 백일홍

그대와 둘이서 꽃씨를 심던 그날도

지금은 어디로 갔나 찬비만 내린다


울려고 내가 왔던가 웃으려고 왔던가

울어 본다고 다시 오랴 사나이의 첫 순정

그대와 둘이서 희망에 울던 항구를

웃으며 돌아가련다 물새야 울어라


울려고 내가 왔던가 웃으려고 왔던가

추억이나마 건질쏜가 선창 아래 푸른 물

그대와 둘이서 이별에 울던 그날도

지금은 어디로 갔나 파도만 스친다

# 찔레꽃

1942

[김영일 작사, 김교성 작곡] - 백난아


찔레꽃 붉게 피는 남쪽 나라 내 고향

언덕 위에 초가삼간 그립습니다

자주 고름 입에 물고 눈물 흘리며

이별가를 불러주는 못 잊을 사람아


달 뜨는 저녁이면 노래하던 동창생

천리 객창 북두성이 서럽습니다

작년 봄에 모여 앉아 찍은 사진

하염없이 바라보니 즐거운 시절아

# 비 내리는 고모령

1948

[유호 작사, 박시춘 작곡] - 현인

어머님의 손을 놓고 돌아설 때에
부엉새도 울었다오 나도 울었소
가랑잎이 휘날리는 산마루턱을
넘어오던 그날 밤이 그리웁고나

맨드라미 피고 지고 몇 해이던가
물방앗간 뒷전에서 맺은 사랑아
어이해서 못 잊느냐 망향초 신세
비 내리는 고모령을 언제 넘느냐

눈물 어린 인생 고개 몇 고개이더냐
장명등이 깜박이던 주막집에서
손바닥에 서린 하소 적어가면서
오늘 밤도 불러본다 망향의 노래

# 울고 넘는 박달재

1948

[반야월 작사, 김교성 작곡] - 박재홍


천둥산 박달재를 울고 넘는 우리 님아

물항라 저고리가 궂은 비에 젖는구려

왕거미 집을 짓는 고개마다 굽이마다

울었소 소리쳤소 이 가슴이 터지도록


부엉이 우는 산골 나를 두고 가는 님아

돌아올 기약이나 성황님께 빌고 가소

도토리묵을 싸서 허리춤에 달아주며

한사코 우는구나 박달재의 금봉이야


박달재 하늘 고개 울고 넘는 눈물 고개

돌뿌리 걷어차며 돌아서는 이별 길아

도라지 꽃이 피는 고개마다 구비마다

금봉아 불러본다 산울림만 외롭구나

# 고향초

1948

[조명암 작사, 박시춘 작곡] - 장세정

남쪽 나라 바다 멀리

물새가 날으면

뒷동산에 동백꽃도

곱게 피는데

뽕을 따던 아가씨들

서울로 가네

정든 사람 정든 고향

잊었단 말인가


찔레꽃이 한 잎 두 잎

물 위에 날리면

내 고향에 봄은 가고

서리도 찬네

이 바닥에 정든 사람

어디로 갔나

전해오던 흙냄새를

잊었단 말인가

# 전선야곡

1952

[유호 작사, 박시춘 작곡] - 신세영


가랑잎이 휘날리는 전선의 달밤

소리 없이 내리는 이슬도 차가운데

단잠을 못 이루고 돌아눕는 귓가에

장부의 길 일러주신 어머님의 목소리

아~ 그 목소리 그리워


들려오는 총소리를 자장가 삼아

꿈길 속을 달려간 내 고향 내 집에는

정안수 떠놓고서 이 아들의 공 비는

어머님의 흰머리가 눈부시어 울었소

아~ 쓸어안고 싶었소

# 봄날은 간다

1953

[손로원 작사, 박시춘 작곡] - 백설희

연분홍 치마가 봄바람에 휘날리더라
　오늘도 옷고름 씹어가며
　　산제비 넘나드는 성황당 길에
　　꽃이 피면 같이 웃고 꽃이 지면 같이 울던
　　알뜰한 그 맹세에 봄날은 간다

　　　　　새파란 풀잎이 물에 떠서 흘러가더라
　　　　　오늘도 꽃 편지 내던지며
　　　　　청노새 짤랑대는 역마차 길에
　　　　　별이 뜨면 서로 웃고 별이 지면 서로 울던
　　　　　실없는 그 기약에 봄날은 간다

　　　열아홉 시절은 황혼 속에 슬퍼지더라
　　　오늘도 앙가슴 두드리며
　　　뜬구름 흘러가는 신작로 길에
　　　새가 날면 따라 웃고 새가 울면 따라 울던
　　　얄궂은 그 노래에 봄날은 간다

# 굳세어라 금순아

1953

[강사랑 작사, 박시춘 작곡] – 현인


눈보라가 휘날리는 바람 찬 흥남 부두에

목을 놓아 불러봤다 찾아를 봤다

금순아 어디로 가고 길을 잃고 헤매였더냐

피눈물을 흘리면서 일사 이후 나 홀로 왔다


일가친척 없는 몸이 지금은 무엇을 하나

이 내 몸은 국제시장 장사치기다

금순아 보고 싶구나 고향 꿈도 그리워진다

영도다리 난간 위에 초생달만 외로이 떴다


철의 장막 모진 설움 받고서 살아를 간들

천지간에 너와 난데 변함 있으랴

금순아 굳세어 다오 남북통일 그날이 오면

손을 잡고 웃어나 보자 얼싸안고 춤도 춰보자


굳세어라 금순아

# 이별의 부산 정거장

1954

[유호 작사, 박시춘 작곡] - 남인수


보슬비가 소리도 없이 이별 슬픈 부산 정거장

잘 가세요 잘 있어요 눈물의 기적이 운다

한 많은 피난살이 설움도 많아

그래도 잊지 못할 판잣집이여

경상도 사투리의 아가씨가 슬피 우네

이별의 부산 정거장


서울 가는 십이열차에 기대앉은 젊은 나그네

시름없이 내다보는 창밖의 등불이 존다

쓰라린 피난살이 지나고 보니

그래도 끊지 못할 순정 때문에

기적도 목이 메어 소리 높이 우는구나

이별의 부산 정거장


가기 전에 떠나기 전에 하고 싶은 말 한마디를

유리창에 그려보는 그 마음 안타까워라

고향에 가시거든 잊지를 말고

한두 자 봄 소식을 전해 주소서

몸부림치는 님을 뿌리치고 떠나가는

이별의 부산 정거장

# 홍콩 아가씨

1954

[손로원 작사, 이재호 작곡] - 금사향


별들이 소곤대는 홍콩의 밤거리

나는야 꿈을 꾸며 꽃 파는 아가씨

그 꽃만 사 가시는 그리운 영난꽃

아~ 꽃잎같이 다정스런 그 사람이면

그 가슴 품에 안겨 가고 싶어요


이 꽃을 사 가세요 홍콩의 밤거리

그 사람 기다리며 꽃 파는 아가씨

그 꽃만 사 가시는 애달픈 영난꽃

아~ 당신께서 사 가시면 첫사랑 인연

오늘도 꿈을 꾸는 홍콩 아가씨

# 2부

# 꿈에 본 내 고향

1954

[박두환 작사, 김기태 작곡] – 한정무

고향이 그리워도 못 가는 신세
저 하늘 저 산 아래 아득한 천리
언제나 외로워라 타향에서 우는 몸
꿈에 본 내 고향이 마냥 그리워

뜬구름아 물어보자 어머님의 문안을
달님아 비춰다오 인성이와 정숙이의 얼굴을
생시에 가지 못할 한 많은 운명이라면
꿈에라도 보내다오 어머님 무릎 앞에
아~ 어느 때 바치려나 부모님께 효성을

고향을 떠나온 지 몇몇 해던가
타관 땅 돌고 돌아 헤매는 이 몸
내 부모 내 형제를 그 언제나 만나리
꿈에 본 내 고향을 차마 못 잊어

# 대전 부르스

1956

[최치수 작사, 김부해 작곡] – 안정애

잘 있거라 나는 간다 이별의 말도 없이

떠나가는 새벽 열차 대전발 영시 오십 분

세상은 잠이 들어 고요한 이 밤

나만이 소리치며 울 줄이야

아~ 붙잡아도 뿌리치는

목포행 완행열차


기적 소리 슬피우는 이별의 플랫폼

무정하게 떠나가는 대전발 영시 오십 분

영원히 변치말자 맹세했건만

눈물로 헤어지는 쓰라린 심정

아~ 보슬비에 젖어오는

목포행 완행열차

# 비 내리는 호남선

1956

[손로원 작사, 박춘석 작곡] - 손인호


목이 메인 이별가를 불러야 옳으냐

돌아서서 피눈물을 흘려야 옳으냐

사랑이란 이런가요 비 내리는 호남선에

헤어지던 그 인사가 야속도 하더란다


다시 못 올 그 날짜를 믿어야 옳으냐

속는 줄을 알면서도 속아야 옳으냐

죄도 많은 청춘이냐 비 내리는 호남선에

떠나가는 열차마다 원수와 같더란다

# 단장의 미아리 고개

1956

[반야월 작사, 이재호 작곡] – 이해연


미아리 눈물 고개 님이 넘던 이별 고개

화약 연기 앞을 가려 눈 못 뜨고 헤매일 때

당신은 철사 줄로 두 손 꽁꽁 묶인 채로

뒤돌아보고 또 돌아보고 맨발로 절며 절며

끌려가신 이 고개여 한 많은 미아리 고개


아빠를 그리다가 어린것은 잠이 들고

동지섣달 기나긴 밤 북풍한설 몰아칠 때

당신은 감옥살이 그 얼마나 고생하오

십 년이 가도 백 년이 가도 살아만 돌아오소

울고 넘던 이 고개여 한 많은 미아리 고개

# 청포도 사랑

1956

[이화촌 작사, 나화랑 작곡] - 도미

파랑새 노래하는 청포도 넝쿨 아래로

어여쁜 아가씨여 손잡고 가잔다

그윽이 풍겨주는 포도 향기

달콤한 첫사랑의 향기

그대와 단둘이서 속삭이면

바람은 산들바람 불어준다네

파랑새 노래하는 청포도 넝쿨 아래로

그대와 단둘이서

오늘도 맺어보는 청포도 사랑


파랑새 노래하는 청포도 넝쿨 아래로

어여쁜 아가씨여 손잡고 가잔다

파랗게 익어가는 포도 열매

청춘이 무르익는 열매

희망은 하늘 높이 핀 무지개

구름은 꿈을 싣고 두둥실 떴네

파랑새 노래하는 청포도 넝쿨 아래로

그대와 단둘이서

오늘도 맺어보는 청포도 사랑

# 산장의 여인

1957

[반야월 작사, 이재호 작곡] - 권혜경

아무도 날 찾는 이 없는 외로운 이 산장에

단풍잎만 채곡채곡 떨어져 쌓여 있네

세상에 버림받고 사랑마저 물리친 몸

병들어 쓰라린 가슴을 부여안고

나 홀로 재생의 길 찾으며 외로이 살아가네


아무도 날 찾는 이 없는 외로운 이 산장에

풀벌레만 애처로이 밤새워 울고 있네

행운의 별을 보고 속삭이던 지난날의

추억을 더듬어 적막한 이 한밤에

임 뵈올 그날을 생각하며 쓸쓸히 살아가네

# 한 많은 대동강

1958

[야인초 작사, 한복남 작곡] - 손인호

한 많은 대동강아

변함없이 잘 있느냐

모란봉아 을밀대야

네 모양이 그립구나

철조망이 가로막혀

다시 만날 그때까지

아~ 소식을 물어본다

한 많은 대동강아


대동강 부벽루야

뱃노래가 그립구나

귀에 익은 수심가를

다시 한번 불러본다

편지 한 장 전할 길이

이다지도 없을쏘냐

아~ 썼다가 찢어버린

한 많은 대동강아

# 유정천리

1959

[반야월 작사, 김부해 작곡] - 박재홍

가련다 떠나련다 어린 아들 손을 잡고

감자 심고 수수 심는 두메산골 내 고향에

못 살아도 나는 좋아 외로워도 나는 좋아

눈물 어린 보따리에 황혼빛이 젖어드네


세상을 원망하랴 내 아내를 원망하랴

누이동생 혜숙이야 행복하게 살아다오

가도 가도 끝이 없는 인생길은 몇 굽이냐

유정천리 꽃이 피네 무정천리 눈이 오네

# 무너진 사랑탑

1959

[반야월 작사, 나화랑 작곡] - 남인수

반짝이는 별빛 아래 소곤소곤 소곤대던 그날 밤
천년을 두고 변치 말자고 댕기 풀어 맹서한 님아
사나이 목숨 걸고 바친 순정 모질게도 밟아놓고
그대는 지금 어데 단꿈을 꾸고 있나
야속한 님아 무너진 사랑탑아

달이 잠긴 은물결이 살랑살랑 살랑대던 그날 밤
손가락 걸며 이별 말자고 울며불며 맹서한 님아
사나이 벌판 같은 가슴에다 모닥불을 질러놓고
그대는 지금 어데 행복에 잠겨 있나
야멸찬 님아 깨어진 거문고야

봄바람에 실버들이 하늘하늘 하늘대던 그날 밤
세상 끝까지 같이 가자고 눈을 감고 맹서한 님아
사나이 불을 뿜는 그 순정을 갈기갈기 찢어놓고
그대는 지금 어데 사랑에 취해 있나
못 믿을 님아 꺾어진 장미화야

# 처녀 뱃사공

1959

[윤부길 작사, 한복남 작곡] - 황정자

낙동강 강바람이

치마폭을 스치면

군인 간 오라버니 소식이 오네

큰 애기 사공이면 누가 뭐라나

늙으신 부모님을 내가 모시고

에헤야 데헤야

노를 저어라

삿대를 저어라


낙동강 강바람이

앙가슴을 헤치면

고요한 처녀 가슴 물결이 이네

오라비 제대하면 시집보내마

어머님 그 말씀에 수줍어질 때

에헤야 데헤야

노를 저어라

삿대를 저어라

# 이별의 종착역

1960

[손석우 작사, 작곡] - 손시향


가도 가도 끝이 없는 외로운 이 나그네 길

안개 깊은 새벽 나는 떠나간다

이별의 종착역

사람들은 오가는데 그이만은 왜 못 오나

푸른 달빛 아래 나는 눈물진다

이별의 종착역


아~ 언제나 이 가슴에 덮인 안개 활짝 개고

아~ 언제나 이 가슴에 밝은 해가 떠오르나

가도 가도 끝이 없는 고달픈 이 나그네 길

비바람이 분다 눈보라가 친다

이별의 종착역




[손석우 작사, 작곡] - 손시향

# 카츄샤의 노래

1960

[유호 작사, 이인권 작곡] - 송민도

마음대로 사랑하고 마음대로 떠나가신

첫사랑 도련님과 정든 밤을 못 잊어

얼어붙은 마음속에 모닥불을 피워놓고

오실 날을 기다리는 가엾어라 카츄샤

찬바람 내 가슴에 흰 눈은 쌓이는데

이별의 슬픔 안고 카츄샤는 흘러간다

진정으로 사랑하고 진정으로 보내드린

첫사랑 맺은 열매 익기 전에 떠났네

내가 지은 죄이기에 끌려가고 끌려가도

죽기 전에 다시 한번 보고파라 카츄샤

찬바람 내 가슴에 흰 눈은 쌓이는데

이별의 슬픔 안고 카츄샤는 흘러간다

# 청춘의 꿈

1963

**[김용대 작사, 작곡] - 김용만**

청춘은 봄이요 봄은 꿈나라

언제나 즐거운 노래를 부릅시다

진달래가 생긋 웃는 봄봄

청춘은 싱글벙글

윙크하는 봄봄봄 봄봄봄봄

가슴은 두근두근 청춘의 꿈


산들산들 봄바람이 춤을 추는 봄봄

시냇가에 버들피리는 삐삐삐리비리비

라라랄라 라라랄라 라라랄라 라라라라라

라라라 라라라 라라랄라 닐리리 봄봄

청춘은 봄이요 봄은 꿈나라


청춘은 향기요 봄은 새 나라

언제나 명랑한 노래를 부릅시다

개나리가 방긋 웃는 봄봄

청춘은 소곤소곤

속삭이는 봄봄봄 봄봄봄봄

종달새 지지배배 희망의 봄

# 빨간 구두 아가씨

1963

[하중희 작사, 김인배 작곡] – 남일해


솔솔솔 오솔길에 빨간 구두 아가씨

똑똑똑 구두 소리 어딜 가시나

한 번쯤 뒤돌아볼 만도 한데

발걸음만 하나둘 세며 가는지

빨간 구두 아가씨 혼자서 가네


밤밤밤 밤 길에 빨간 구두 아가씨

똑똑똑 구두 소리 어딜 가시나

지금쯤 사랑을 알 만도 한데

종소리만 하나둘 세며 가는지

빨간 구두 아가씨 멀어져 가네

# 동백 아가씨

1964

[한산도 작사, 백영호 작곡] – 이미자

헤일 수 없이 수많은 밤을

내 가슴 도려내는 아픔에 겨워

얼마나 울었던가 동백 아가씨

그리움에 지쳐서 울다 지쳐서

꽃잎은 빨갛게 멍이 들었소


동백 꽃잎에 새겨진 사연

말 못 할 그 사연을 가슴에 안고

오늘도 기다리는 동백 아가씨

가신 님은 그 언제 그 어느 날에

외로운 동백꽃 찾아오려나

# 아빠의 청춘

[반야월 작사, 손목인 작곡] - 오기택

이 세상의 부모 마음 다 같은 마음

아들딸이 잘되라고 행복하라고

마음으로 빌어주는 박 영감인데

노랭이라 비웃으며 욕하지 마라

나에게도 아직까지 청춘은 있다

원더풀 원더풀 아빠의 청춘

브라보 브라보 아빠의 인생


세상 구경 서울 구경 참 좋다마는

돈 있어야 제일이지 없으면 산통

마음 착한 며느리를 내 몰라보고

황소고집 부리다가 큰코다쳤네

나에게도 아직까지 청춘은 있다

원더풀 원더풀 아빠의 청춘

브라보 브라보 아빠의 인생

# 용두산 엘레지

1964

[최치수 작사, 고봉산 작곡] - 고봉산


용두산아 용두산아 너만은 변치 말자

한 발 올려 맹세하고 두 발 딛어 언약하던

한 계단 두 계단 일백구십사 계단에

사랑 심어 다져놓은 그 사람은 어디 가고

나만 혼자 쓸쓸히도 그 시절 못 잊어

아~ 못 잊어 운다


둘이서 거닐던 일백구십사 계단에

즐거웠던 그 시절은 그 어디로 가버렸나

잘 있거라 나는 간다 꽃피던 용두산아

아~ 용두산 엘레지

# 고향무정

1966

[김운하 작사, 서영은 작곡] - 오기택

구름도 울고 넘는 울고 넘는 저 산 아래

그 옛날 내가 살던 고향이 있었건만

지금은 어느 누가 살고 있는지

지금은 어느 누가 살고 있는지

산골짝엔 물이 마르고

기름진 문전옥답

잡초에 묻혀 있네


새들도 집을 찾는 집을 찾는 저 산 아래

그 옛날 내가 살던 고향이 있었건만

지금은 어느 누가 살고 있는지

지금은 어느 누가 살고 있는지

바다에는 배만 떠 있고

어부들 노랫소리

멎은 지 오래일세

# 동숙의 노래

1966

**[한산도 작사, 백영호 작곡] - 문주란**

너무나도 그 님을 사랑했기에

그리움이 변해서 사무친 미움

원한 맺힌 마음에 잘못 생각해

돌이킬 수 없는 죄 저질러 놓고

뉘우치면서 울어도 때는 늦으리

음~ 때는 늦으리


님을 따라 가고픈 마음이건만

그대 따라 못 가는 서러운 이 몸

저주받은 운명이 끝나는 순간

님의 품에 안기운 짧은 행복에

참을 수 없이 흐르는 뜨거운 눈물

음~ 뜨거운 눈물

# 낙엽 따라 가버린 사랑

1966

[강찬호 작사, 외국국] - 차중락

찬바람이 싸늘하게

얼굴을 스치며

따스하던 너의 두 뺨이

몹시도 그리웁구나

푸르던 잎 단풍으로

곱게 곱게 물들어

그 잎새에 사랑의 꿈

고이 간직하렸더니


아~ 그 옛날이

너무도 그리워라

낙엽이 지면 꿈도 따라

가는 줄 왜 몰랐넌가

사랑하는 이 마음을

어찌 하오 어찌 하오

너와 나의 사랑의 꿈

낙엽 따라 가버렸으니

# 3부

돌아오지 않는

사람 기다린들

무엇 하나

# 갈대의 순정

1966

[오민우 작사, 작곡] - 박일남

사나이 우는 마음을

그 누가 아랴

바람에 흔들리는

갈대의 순정

사랑엔 약한 것이

사나이 마음

울지를 말어라

아~ 갈대의 순정


말없이 보낸 여인이

눈물을 아랴

가슴을 파고드는

갈대의 순정

못 잊어 우는 것은

사나이 마음

울지를 말어라

아~ 갈대의 순정

# 뜨거운 안녕

[백영진 작사, 서영은 작곡] - 쟈니 리

또다시 말해주오 사랑하고 있다고

별들이 다정히 손을 잡는 밤

기어이 가신다면 헤어집시다

아프게 마음 새긴 그 말 한마디

보내고 밤마다 울음이 나도

남자답게 말하리라 안녕이라고

뜨겁게 뜨겁게 안녕이라고


또다시 말해주오 사랑하고 있다고

비둘기 나란히 구구대는데

기어이 떠난다면 보내 드리리

너무나 깊이 맺힌 그날 밤 입술

긴긴 날 그리워 몸부림쳐도

남자답게 말하리라 안녕이라고

뜨겁게 뜨겁게 안녕이라고

# 가슴 아프게

1967

[정두수 작사, 박춘석 작곡] - 남진

당신과 나 사이에 저 바다가 없었다면

쓰라린 이별만은 없었을 것을

해 저문 부두에서 떠나가는 연락선을

가슴 아프게 가슴 아프게 바라보지 않았으리

갈매기도 내 마음같이 목메어 운다


당신과 나 사이에 연락선이 없었다면

날 두고 떠나지는 않았을 것을

아득히 바다 멀리 떠나가는 연락선을

가슴 아프게 가슴 아프게 바라보지 않았으리

갈매기도 내 마음같이 목메어 운다

# 돌아가는 삼각지

1967

[배상태, 이인선 작사, 배상태 작곡] - 배호

삼각지 로타리에

굵은비는 오는데

잃어버린 그 사랑을

아쉬워하며

비에 젖어 한숨짓는

외로운 사나이가

서글피 찾아왔다

울고 가는 삼각지


삼각지 로타리를

헤매 도는 이 발길

떠나버린 그 사랑을

그리워하며

눈물 젖어 불러보는

외로운 사나이가

남몰래 찾아왔다

돌아가는 삼각지

# 섬마을 선생님

1967

[이경재 작사, 박춘석 작곡] - 이미자


해당화 피고 지는 섬마을에

철새 따라 찾아온 총각 선생님

열아홉 살 섬 색시가 순정을 바쳐

사랑한 그 이름은 총각 선생님

서울엘랑 가지를 마오

가지를 마오


구름도 쫓겨가는 섬마을에

무엇하러 왔는가 총각 선생님

그리움이 별처럼 쌓이는 바닷가에

시름을 달래보는 총각 선생님

서울엘랑 가지를 마오

떠나지 마오

# 마음이 고와야지

1967

[정두수 작사, 박춘석 작곡] - 남진

새까만 눈동자의 아가씨

겉으론 거만한 거 같아도

마음이 비단같이 고와서

정말로 나는 반했네

마음이 고와야 여자지

얼굴만 예쁘다고 여자냐

한 번만 마음 주면 변치 않는

여자가 정말 여자지


사랑을 할 때는 두 눈이 먼다고 해도

아가씨 두 눈은 별같이 반짝거리네

마음이 고와야 여자지

얼굴만 예쁘다고 여자냐

한 번만 마음 주면 변치 않는

여자가 정말 여자지

# 청춘을 돌려다오

1967

[월견초 작사, 신세영 작곡] – 신행일

청춘을 돌려다오 젊음을 다오

황혼길 인생의 애원이란다

신문마다 방송마다 야류 많아도

돈 주고 못 사는 게 청춘이드냐

청춘아 내 청춘아 어딜 갔느냐


청춘을 돌려다오 젊음을 다오

낙엽 진 인생의 고백이란다

님 좋고 입도 좋은 야류 많아도

사랑엔 청춘만이 전부 아니냐

청춘아 내 청춘아 어딜 갔느냐

# 부모

1968

[김소월 시, 서영은 작곡] – 유주용

낙엽이 우수수

떨어질 때

겨울의 기나긴 밤

어머님하고

둘이 앉아

옛이야기 들어라

나는 어쩌면 생겨 나와

이 이야기 듣는가

묻지도 말아라

내일 날에

내가 부모 되어서

알아보리라

# 마포종점

1968

[정두수 작사, 박춘석 작곡] - 은방울 자매


밤 깊은 마포종점 갈 곳 없는 밤 전차

비에 젖어 너도 섰고 갈 곳 없는 나도 섰다

강 건너 영등포에 불빛만 아련한데

돌아오지 않는 사람 기다린들 무엇 하나

첫사랑 떠나간 종점 마포는 서글퍼라


저 멀리 당인리에 발전소도 잠든 밤

하나둘씩 불을 끄고 깊어가는 마포종점

여의도 비행장엔 불빛만 쓸쓸한데

돌아오지 않는 사람 생각하면 무엇 하나

궂은 비 나리는 종점 마포는 서글퍼라

# 배신자

[이인섭 작사, 김광빈 작곡] - 도성

얄밉게 떠난 님아 얄밉게 떠난 님아

내 청춘 내 순정을 뺏어버리고

얄밉게 떠난 님아

더벅머리 사나이에 상처를 주고

너 혼자 미련 없이 떠날 수가 있을까

배신자여 배신자여 사랑의 배신자여


얄밉게 떠난 님아 얄밉게 떠난 님아

내 청춘 내 행복을 짓밟아 놓고

얄밉게 떠난 님아

더벅머리 사나이에 상처를 주고

너 혼자 미련 없이 돌아서서 가는가

배신자여 배신자여 사랑의 배신자여

# 바다가 육지라면



[정귀문 작사, 이인권 작곡] - 조미미

얼마나 멀고 먼지 그리운 서울은

파도가 길을 막아 가고파도 못 갑니다

바다가 육지라면 바다가 육지라면

배 떠난 부두에서 울고 있지 않을 것을

아~ 바다가 육지라면 눈물은 없었을 것을


어제 온 연락선은 육지로 가는데

할 말이 하도 많아 목이 메어 못 합니다

이 몸이 철새라면 이 몸이 철새라면

뱃길에 훨훨 날아 어데던지 가련만은

아~ 바다가 육지라면 이별은 없었을 것을

# 물새 한 마리

1971

[이용일 작사, 고봉산 작곡] – 하춘화


외로이 흐느끼며 혼자 서 있는

싸늘한 호숫가에 물새 한 마리

짝을 지어 놀던 님은

어디로 떠났기에 외로이 서서

머나먼 저 하늘만 바라보고 울고 있나

아~ 떠난 님은 떠난 님은 못 오는데


갈 곳이 없어서 홀로 서 있나

날 저문 호숫가에 물새 한 마리

다정하게 놀던 님은

간 곳이 어디기에 눈물지으며

어두운 먼 하늘만 지켜보고 있을까요

아~ 기다려도 기다려도 안 오는데


물새 한 마리

# 님과 함께

1972

[고향 작사, 남국인 작곡] - 남진


저 푸른 초원 위에 그림 같은 집을 짓고

사랑하는 우리 님과 한 백 년 살고 싶어

봄이면 씨앗 뿌려 여름이면 꽃이 피네

가을이면 풍년 되어 겨울이면 행복하네


멋쟁이 높은 빌딩 으스대지만

유행 따라 사는 것도 제멋이지만

반딧불 초가집도 님과 함께면

나는 좋아 나는 좋아 님과 함께면

님과 함께 같이 산다면


저 푸른 초원 위에 그림 같은 집을 짓고

사랑하는 우리 님과 한 백 년 살고 싶어

# 고향역

1972

[임종수 작사, 작곡] – 나훈아


코스모스 피어 있는 정든 고향역

이뿐이 곱분이 모두 나와 반겨주겠지

달려라 고향 열차 설레는 가슴 안고

눈 감아도 떠오르는 그리운 나의 고향역


코스모스 반겨주는 정든 고향역

다정히 손잡고 고갯마루 넘어서 갈 때

흰머리 날리면서 달려온 어머님을

얼싸안고 바라보았네 멀어진 나의 고향역

# 해 뜰 날

1975

[송대관 작사, 신대성 작곡] - 송대관

꿈을 안고 왔단다 내가 왔단다

슬픔도 괴로움도 모두 모두 비켜라

안 되는 일 없단다 노력하면은

쨍하고 해 뜰 날 돌아온단다

쨍하고 해 뜰 날 돌아온단다


뛰고 뛰고 뛰는 몸이라 괴로웁지만

힘겨운 나의 인생 구름 걷히고

산뜻하게 맑은 날 돌아온단다

쨍하고 해 뜰 날 돌아온단다

쨍하고 해 뜰 날 돌아온단다

# 돌아와요 부산항에

1976

[황선우 작사, 작곡] - 조용필

꽃피는 동백섬에 봄이 왔건만

형제 떠난 부산항에 갈매기만 슬피우네

오륙도 돌아가는 연락선마다

목메어 불러봐도 대답 없는 내 형제여

돌아와요 부산항에 그리운 내 형제여


가고파 목이 메어 부르던 이 거리는

그리워서 헤메이던 긴긴 날의 꿈이었지

언제나 말이 없는 저 물결들도

부딪쳐 슬퍼하며 가는 길을 막아섰지

돌아왔다 부산항에 그리운 내 형제여

# 그때 그 사람

1978

[심수봉 작사, 작곡] - 심수봉

비가 오면 생각나는 그 사람

언제나 말이 없던 그 사람

사랑의 괴로움을 몰래 감추고

떠난 사람 못 잊어서 울던 그 사람

그 어느 날 차 안에서 내게 물었지

세상에서 제일 슬픈 게 뭐냐고

사랑보다 더 슬픈 건 정이라며

고개를 떨구던 그때 그 사람


외로운 병실에서 기타를 쳐주고

위로하며 다정했던 사랑한 사람

안녕이란 단 한마디 말도 없이

지금은 어디에서 행복할까

어쩌다 한 번쯤은 생각해줄까

지금도 보고 싶은 그때 그 사람

외로운 내 가슴에 살며시 다가와서

언제라도 감싸주던 다정했던 사람

그러니까 미워하면 안 되겠지

다시는 생각해서도 안 되겠지

철없이 사랑인 줄 알았었네

이제는 잊어야 할 그때 그 사람

# 사랑은 나비인가 봐



[박성훈 작사, 작곡] - 현철

고요한 내 가슴에

나비처럼 날아와서

사랑을 심어놓고

나비처럼 날아간 사람

내 가슴에 지울 수 없는

그리움 주고 간 사람

그리운 내 사연을

뜬구름아 전해다오

아~ 사랑은

얄미운 나비인가 봐

# 빈 잔



[조운파 작사, 박춘석 작곡] - 남진


그대의 싸늘한 눈가에 고이는

이슬이 아름다워

하염없이 바라보네

내 마음도 따라 우네

가여운 나의 여인이여

외로운 사람끼리

아~ 만나서 그렇게 또 정이 들고

어차피 인생은

빈 술잔 들고 취하는 것

그대여 나머지 설움은

나의 빈 잔에 채워주

# 멍에

1982

[추세호 작사, 작곡] - 김수희


사랑의 기로에 서서

슬픔을 갖지 말아요

어차피 헤어져야 할 거면

미련을 두지 말아요

이별의 기로에 서서

미움을 갖지 말아요

뒤돌아 아쉬움을 남기면

마음만 괴로우니까


아무리 아름답던 추억도

괴로운 이야기로

사랑의 상처를 남기네

이제는 헤어졌는데

그래도 내게는 소중했던 그날들이

한동안 떠나지 않으리

마음이 괴로울 때면

# 4부

사랑이란 길지가
않더라
영원하지도 않더라

# 사랑

1983

[나훈아 작사, 작곡] - 나훈아


이 세상에 하나밖에 둘도 없는 내 여인아

보고 또 보고 또 쳐다봐도 싫지 않은 내 사랑아

비 내리는 여름날에 내 가슴은 우산이 되고

눈 내리는 겨울날엔 내 가슴은 불이 되리라


온 세상을 다 준대도 바꿀 수 없는 내 여인아

잠시라도 떨어져서는 못 살 것 같은 내 사랑아

행여 당신 외로울 때 내가 당신 친구가 되고

행여 당신 우울할 때 내가 당신 웃음 주리라


이 세상에 하나밖에 둘도 없는 내 여인아

보고 또 보고 또 쳐다봐도 싫지 않은 내 사랑아

# 수은등

1983

[유수태 작사, 김호남 작곡] - 김연자

어스름 저녁 길에 하나둘

수은등 꽃이 피면은

그대와 단둘이서 거닐던

이 길을 서성입니다

수은등 은은한 빛 변함없어도

당신은 변했구려 보이질 않네

아~ 수은등 불빛 아래

이 발길은 떠날 줄 몰라


어두운 밤거리에 하나둘

오색 불 깜빡거리면

그대의 웃음소리 들려올 듯

내 가슴은 설레이네

바람 부는 이 거리는 변함이 없건만

당신은 변했구려 보이질 않네

아~ 오색불 깜빡이는

이 거리를 잊으셨구려

# 무정 부르스

1983

[박건호 작사, 김영광 작곡] - 강승모


이제는 애원해도 소용없겠지

변해버린 당신이기에

내 곁에 있어 달라 말도 못 하고

떠나야 하는 이 마음

추억 같은 불빛들이

흐느껴 우는 이 밤에

상처만 남겨두고 떠나갈 길을

무엇 하러 왔던가


자꾸만 바라보면 미워지겠지

믿어왔던 당신이기에

쏟아져 흘린 눈물 가슴에 안고

돌아서 우는 이 발길

사랑했던 기억들이

갈 길을 막아서지만

추억이 아름답게 남아 있을 때

미련 없이 가야지

# 남자는 배 여자는 항구

[심수봉 작사, 작곡] - 심수봉

언제나 찾아오는 부두의 이별이 아쉬워 두 손을 꼭 잡았나

눈앞의 바다를 핑계로 헤어지나 남자는 배 여자는 항구

보내주는 사람은 말이 없는데 떠나가는 남자가 무슨 말을 해

뱃고동 소리도 울리지 마세요


하루하루 바다만 바라보다 눈물지으며 힘없이 돌아서네

남자는 남자는 다 모두가 그렇게 다

아~ 이별의 눈물 보이고 돌아서면 잊어버리는

남자는 다 그래


매달리고 싶은 이별의 시간도 짧은 입맞춤으로 끝나면

잘 가요 쓰린 마음 아무도 몰라주네 남자는 배 여자는 항구

아주 가는 사람이 약속은 왜 해 눈멀도록 바다만 지키게 하고

사랑했었단 말은 하지도 마세요


못 견디게 내가 좋다고 달콤하던 말 그대로 믿었나

남자는 남자는 다 모두가 그렇게 다

아~ 쓸쓸한 표정 짓고 돌아서서 웃어버리는

남자는 다 그래

# 허공

1983

[정욱 작사, 정풍송 작곡] - 조용필

꿈이었다고 생각하기엔 너무나도 아쉬움 남아

가슴 태우며 기다리기엔 너무나도 멀어진 그대

사랑했던 마음도 미워했던 마음도

허공 속에 묻어야만 될 슬픈 옛이야기

스쳐버린 그날들 잊어야 할 그날들

허공 속에 묻힐 그날들


잊는다고 생각하기엔 너무나도 미련이 남아

돌아선 마음 달래보기엔 너무나도 멀어진 그대

설레이던 마음도 기다리던 마음도

허공 속에 묻어야만 될 슬픈 옛이야기

스쳐버린 그 약속 잊어야 할 그 약속

허공 속에 묻힐 그 약속

# 눈물의 블루스

1986

**[정은이 작사, 남국인 작곡] - 주현미**

오색등 네온 불이 속삭이듯 나를 유혹하는 밤

가슴을 휘젓듯이 흐느끼는 색소폰 소리

아~ 나를 울리네

이 순간이 지나고 나면 떠날 당신이기에

그대 품에 안기운 채 젖은 눈을 감추네

아~ 블루스 블루스 블루스 연주자여

그 음악을 멈추지 말아요


오색등 네온 불이 손짓하듯 나를 유혹하는 밤

내리는 빗물처럼 흐느끼는 색소폰 소리

아~ 나를 울리네

이 순간이 지나고 나면 떠날 당신이기에

그대 가슴에 얼굴을 묻고 젖은 눈을 감추네

아~ 블루스 블루스 블루스 연주자여

그 음악을 멈추지 말아요

# 남행열차

1987

[김진룡 작사, 작곡] - 김수희


비 내리는 호남선 남행열차에

흔들리는 차창 너머로

빗물이 흐르고 내 눈물도 흐르고

잃어버린 첫사랑도 흐르네

깜빡 깜빡이는 희미한 기억 속에

그때 만난 그 사람 말이 없던 그 사람

자꾸만 멀어지는데

만날 순 없어도 잊지는 말아요

당신을 사랑했어요


비 내리는 호남선 마지막 열차

기적 소리 슬피 우는데

빗물이 흐르고 내 눈물도 흐르고

잃어버린 첫사랑도 흐르네

깜빡 깜빡이는 희미한 기억 속에

그때 만난 그 사람 말이 없던 그 사람

자꾸만 멀어지는데

만날 순 없어도 잊지는 말아요

당신을 사랑했어요

# 립스틱 짙게 바르고

1987

[양인자 작사, 김희갑 작곡] - 임주리

내일이면 잊으리 꼭 잊으리

립스틱 짙게 바르고

사랑이란 길지가 않더라

영원하지도 않더라

아침에 피었다가

저녁에 지고 마는

나팔꽃보다 짧은 사랑아

속절없는 사랑아

마지막 선물 잊어주리라

립스틱 짙게 바르고

별이 지고 이 밤도 가고 나면

내 정녕 당신을 잊어주리라

# 사랑밖엔 난 몰라

1987

[심수봉 작사, 작곡] - 심수봉

그대 내 곁에 선 순간 그 눈빛이 너무 좋아

어제는 울었지만 오늘은 당신 땜에

내일은 행복할 거야

얼굴도 아니 멋도 아니 아니

부드러운 사랑만이 필요했어요

지나간 세월 모두 잊어버리게

당신 없인 아무것도 이젠 할 수 없어

사랑밖엔 난 몰라


무심히 버려진 날 위해 울어주던 단 한 사람

커다란 어깨 위에 기대고 싶은 꿈을

당신은 깨지 말아요

이 날을 언제나 기다려 왔어요

서러운 세월만큼 안아주세요

그리운 바람처럼 사라질까 봐

사랑하다 헤어지면 다시 보고 싶고

당신이 너무 좋아

# 신사동 그 사람

1987

[정은이 작사, 남국인 작곡] – 주현미

희미한 불빛 사이로

마주치는 그 눈길 피할 수 없어

나도 몰래 사랑을 느끼며 만났던 그 사람

행여 오늘도 다시 만날까

그날 밤 그 자리에 기다리는데

그 사람 오지 않고 나를 울리네

시간은 자정 넘어 새벽으로 가는데

아~ 그날 밤 만났던 사람

나를 잊으셨나 봐


희미한 불빛 사이로

오고 가던 그 눈길 어쩔 수 없어

나도 몰래 마음을 주면서 사랑한 그 사람

오늘 밤도 행여 만날까

그날 밤 그 자리에 마음 설레며

그 사람 기다려도 오지를 않네

자정은 벌써 지나 새벽으로 가는데

아~ 내 마음 가져간 사람

신사동 그 사람

# 봉선화 연정

1988

[김동찬 작사, 박현진 작곡] - 현철

손 대면 톡 하고 터질 것만 같은 그대

봉선화라 부르리

더 이상 참지 못할 그리움을

가슴 깊이 물들이고

수줍은 너의 고백에

내 가슴이 뜨거워

터지는 화산처럼

막을 수 없는 봉선화 연정


손 대면 톡 하고 터질 것만 같은 그대

봉선화라 부르리

더 이상 참지 못할 외로움에

젖은 가슴 태우네

울면서 혼자 울면서

사랑한다 말해도

무정한 너는 너는

알지 못하네 봉선화 연정

# 남자는 여자를 귀찮게 해

1989

[양인자 작사, 김희갑 작곡] - 문주란


처음에 사랑할 때 그이는 씩씩한 남자였죠

밤하늘의 별도 달도 따주마 미더운 약속을 하더니

이제는 달라졌어 그이는 나보고 다해달래

애기가 되어버린 내 사랑 당신 정말 미워 죽겠네

남자는 여자를 정말로 귀찮게 하네

남자는 여자를 정말로 귀찮게 하네


결혼을 하고 난 후 그이는 애기가 돼버렸어

밥 달라 사랑 달라 보채고 둘이서 놀기만 하재요

할 일은 해도 해도 많은데 자기만 쳐다보래

웃어라 안아 달라 조르는 당신 골치 아파 죽겠네

남자는 여자를 정말로 귀찮게 하네

남자는 여자를 정말로 귀찮게 하네

# 간대요 글쎄

1989

[조동산 작사, 원희명 작곡] – 이태호

가야 한대요 가야 한대요

이 한 잔 커피를 마시고 나면

처음으로 돌아가야 한대요

자기밖에 모르도록 모르도록 만들어 놓고

남의 사람 되려고 간대요 글쎄

남의 사람 되려고 간대요 글쎄

싸늘한 커피잔에 이별을 남기고

돌아가야 한대요


글쎄 간대요 글쎄 간대요

이 한 잔 커피를 마시고 나면

타인으로 돌아가야 한대요

자기밖에 모르도록 모르도록 만들어 놓고

남의 사람 되려고 간대요 글쎄

남의 사람 되려고 간대요 글쎄

텅 빈 커피잔에 눈물을 남기고

글쎄 가야 한대요

# 사랑의 거리

1989

[정은이 작사, 남국인 작곡] - 문희옥


여기는 남서울 영동 사랑의 거리

사계절 모두 봄봄봄 웃음꽃이 피니까

외롭거나 쓸쓸할 때는 누구라도 한 번쯤은 찾아오세요

아~ 여기는 사랑을 꽃피우는 남서울 영동

사랑의 거리


여기는 남서울 영동 연인의 거리

사계절 모두 뜨거운 바람이 있으니까

외로움에 지친 사람들 누구라도 한 번쯤은 걸어보세요

아~ 여기는 사랑을 꽃피우는 남서울 영동

사랑의 거리

# 얄미운 사람

1989

[전영록 작사, 작곡] - 김지애


사랑만 남겨놓고 떠나가느냐 얄미운 사람

슬픈 음악처럼 이 마음 울려놓고 저 멀리 떠나간 사람

미련만 남겨놓고 돌아가느냐 얄미운 사람

미련 때문인가 멍들은 이 내 가슴 아픔만 주고 간 사람

정 주고 마음 주고 사랑도 줬지만

지금은 남이 되어 떠나가느냐

이별의 아픔일랑 가져가 다오

아~ 얄미운 사람


사랑만 남겨놓고 떠나가느냐 얄미운 사람

슬픈 음악처럼 이 마음 울려놓고 저 멀리 떠나간 사람

정 주고 마음 주고 사랑도 줬지만

지금은 남이 되어 떠나가느냐

이별의 아픔일랑 가져가 다오

아~ 얄미운 사람

# 옥경이

1989

[조운파 작사, 임종수 작곡] - 태진아

희미한 불빛 아래 마주 앉은 당신은

언젠가 어디선가 본 듯한 얼굴인데

고향을 물어보고 이름을 물어봐도

잃어버린 이야긴가 대답하지 않네요


바라보는 눈길이 젖어 있구나

너도나도 모르게 흘러간 세월아

어디서 무엇을 하며 어떻게 살았는지

물어도 대답 없이 고개 숙인 옥경이


바라보는 눈길이 젖어 있구나

너도나도 모르게 흘러간 세월아

어디서 무엇을 하며 어떻게 살았는지

물어도 대답 없이 고개 숙인 옥경이

# 노래는 나의 인생

1990

[박춘석 작사, 작곡] - 이미자

아득히 머나먼 길을 따라 뒤돌아보면은 외로운 길

비를 맞으며 험한 길 헤쳐서 지금 나 여기 있네


끝없이 기나긴 길을 따라 꿈 찾아 걸어온 지난 세월

괴로운 일도 슬픔의 눈물도 가슴에 묻어놓고


나와 함께 걸어가는 노래만이 나의 생명

언제까지나 나의 노래 사랑하는 당신 있음에

언제까지나 나의 노래 아껴주는 당신 있음에


아득히 머나먼 길을 따라 뒤돌아보면은 외로운 길

비를 맞으며 험한 길 헤쳐서 지금 나 여기 있네

# 영영

1990

[나훈아 작사, 작곡]) - 나훈아


잊으라 했는데 잊어 달라 했는데

그런데도 아직 난 너를 잊지 못하네

어떻게 잊을까 어찌 하면 좋을까

세월 가도 아직 난 너를 못 잊어 하네

아직 나는 너를 사랑하고 있나 봐

아마 나는 너를 잊을 수가 없나 봐

영원히 영원히 네가 사는 날까지

아니 내가 죽어도 영영 못 잊을 거야


잊으라 했는데 잊어 달라 했는데

그런데도 아직 난 너를 잊지 못하네

아직 나는 너를 사랑하고 있나 봐

아마 나는 너를 잊을 수가 없나 봐

영원히 영원히 네가 사는 날까지

아니 내가 죽어도 영영 못 잊을 거야

아니 내가 죽어도 영영 못 잊을 거야

# 애모



(유영건 작사, 작곡) - 김수희

그대 가슴에 얼굴을 묻고 오늘은 울고 싶어라

세월의 강 넘어 우리 사랑은 눈물 속에 흔들리는데

얼만큼 나 더 살아야 그대를 잊을 수 있나

한마디 말이 모자라서 다가설 수 없는 사람아


그대 앞에만 서면 나는 왜 작아지는가

그대 등 뒤에 서면 내 눈은 젖어드는데


사랑 때문에 침묵해야 할 나는 당신의 여자

그리고 추억이 있는 한 당신은 나의 남자요

# 몰래 한 사랑

1990

[김동원 작사, 이용 작곡] - 김지애

그대여 이렇게 바람이 서글피 부는 날에는

그대여 이렇게 무화과는 익어가는 날에도

너랑 나랑 둘이서 무화과 그늘에 숨어 앉아

지난날을 생각하며 이야기하고 싶구나

몰래 사랑했던 그 여자 또 몰래 사랑했던 그 남자

지금은 어느 하늘 아래서 그 누굴 사랑하고 있을까


그대여 햇살이 영그는 가을날 둑에 앉아서

그대여 이렇게 여미어진 마음 열고 싶을 때는

너랑 나랑 둘이만 들을 수 있는 목소리로

네 눈물을 바라보며 이야기하고 싶구나

몰래 사랑했던 그 여자 또 몰래 사랑했던 그 남자

지금은 어느 하늘 아래서 그 누굴 사랑하고 있을까

5부

내일은 내일

또다시

새로운 바람이

불 거야

# 당신



[이성만 작사, 김정수 작곡] - 김정수


내 품에 안기어 곤히 잠든 그대여

어느덧 그대 눈가에도 주름이 졌네

내 가슴에 묻혀 꿈을 꾸는 그대여

야위어진 그댈 바라보니 눈물이 솟네


고왔던 여자의 순정을 이 못난 내게 바쳐두고

한마디 원망도 않은 채 긴 세월을 보냈지

난 맹세하리라 고생 많은 당신께

이 생명 다하는 날까지 그대를 사랑하리

# 다 함께 차차차

1991

[김병걸 작사, 이호섭 작곡] - 설운도

어차피 잊어야 할 사람이라면

돌아서서 울지 마라 눈물을 거둬라

내일은 내일 또다시 새로운 바람이 불 거야

근심을 털어놓고 다 함께 차차차

슬픔을 묻어놓고 다 함께 차차차

차차차 차차차

잊자 잊자 오늘만은 미련을 버리자

울지 말고 그래 그렇게

다 함께 차차차


어차피 돌아서 간 사람이라면

다시는 생각 마라 눈물을 거둬라

내일은 내일 또다시 새로운 바람이 불 거야

근심을 털어놓고 다 함께 차차차

슬픔을 묻어놓고 다 함께 차차차

차차차 차차차

잊자 잊자 오늘만은 미련을 버리자

울지 말고 그래 그렇게

다 함께 차차차

# 여자 여자 여자

1992

[이수진 작사, 설운도 작곡] – 설운도

아픔을 달래는 여자 고개 숙여 우는 그 여자

이 세상에 약한 것이 여자 여자 여자

당신 내 마음 몰라요

내 진정 당신의 사랑이 얼마나 필요한지 몰라요

때로는 당신의 마음을 아프게도 하지만

그래도 오로지 나만의 남자 남자 남자

행복을 꿈꾸는 여자 사랑을 기다리는 여자

그런 여자 여자 여자


고독을 달래는 여자 세월 속에 지친 그 여자

이 세상에 약한 것이 여자 여자 여자

당신 내 마음 몰라요

내 진정 당신의 사랑이 얼마나 소중한지 몰라요

때로는 당신의 마음을 이해할 순 없지만

그래도 소중한 나만의 남자 남자 남자

행복을 꿈꾸는 여자 사랑을 기다리는 여자

그런 여자 여자 여자

# 차표 한 장

1992

[조동산 작사, 원희명 작곡] - 송대관

차표 한 장 손에 들고

떠나야 하네

예정된 시간표대로

떠나야 하네

너는 상행선 나는 하행선

열차에 몸을 실었다

사랑했지만

갈 길이 달랐다

이별의 시간표대로

떠나야 했다

달리는 차창에

비가 내리네

그리움이 가슴을 적시네

너는 상행선 나는 하행선

추억이 나를 울리네

# 사모곡

1993

[이덕상 작사, 서승일 작곡] - 태진아


앞산 노을 질 때까지 호밋자루 벗을 삼아

화전 밭 일구시고 흙에 살던 어머니

땀에 찌든 삼베 적삼 기워 입고 살으시다

소쩍새 울음 따라 하늘 가신 어머니

그 모습 그리워서 이 한밤을 지샙니다


무명 치마 졸라매고 새벽이슬 맞으시며

한평생 모진 가난 참아 내신 어머니

자나 깨나 자식 위해 신령님 전 빌고 빌며

학처럼 선녀처럼 살다 가신 어머니

이제는 눈물 말고 그 무엇을 바치리까


어머니!

# 갈색추억

1993

[정욱 작사, 정풍송 작곡] – 한혜진

희미한 갈색 등불 아래

싸늘히 식어 가는 커피잔

사람들은 모두가 떠나고

나만 홀로 남은 찻집

아무런 약속도 없는데

그 사람 올 리도 없는데

나도 몰래 또다시 찾아온

지난날 추억 속의 그 찻집


우리는 나란히 커피를 마시며

뜨거운 가슴 나누었는데

음악에 취해서 사랑에 취해서

끝없이 행복했는데

어느 날 갑자기 그대는 떠나고

갈색 등 불빛만 남아

외로운 찻잔에 싸늘한 찻잔에

희미한 갈색추억

# 낭만에 대하여

1994

[최백호 작사, 작곡] - 최백호


궂은비 내리는 날 그야말로 옛날식 다방에 앉아

도라지 위스키 한 잔에다 짙은 색소폰 소릴 들어보렴

새빨간 립스틱에 나름대로 멋을 부린 마담에게

실없이 던지는 농담 사이로 짙은 색소폰 소릴 들어보렴

이제 와 새삼 이 나이에 실연의 달콤함이야 있겠냐만은

왠지 한 곳이 비어 있는 내 가슴이 잃어버린 것에 대하여


밤늦은 항구에서 그야말로 연락선 선창가에서

돌아올 사람은 없을지라도 슬픈 뱃고동 소릴 들어보렴

첫사랑 그 소녀는 어디에서 나처럼 늙어갈까

가버린 세월이 서글퍼지는 슬픈 뱃고동 소릴 들어보렴

이제 와 새삼 이 나이에 청춘의 미련이야 있겠냐만은

왠지 한 곳이 비어 있는 내 가슴에 다시 못 올 것에 대하여

낭만에 대하여

# 네 박자

1998

[김동찬 작사, 박현진 작곡] - 송대관


니가 기쁠 때 내가 슬플 때 누구나 부르는 노래

내려보는 사람도 위를 보는 사람도 어차피 쿵짝이라네

쿵짝쿵짝 쿵짜자 쿵짝 네 박자 속에

사랑도 있고 이별도 있고 눈물도 있네

한 구절 한 고비 꺾어 넘을 때 우리네 사연을 담는

울고 웃는 인생사 연극 같은 세상사

세상사 모두가 네 박자 쿵짝


나 그리울 때 너 외로울 때 혼자서 부르는 노래

내가 잘난 사람도 지가 못난 사람도 어차피 쿵짝이라네

쿵짝쿵짝 쿵짜자 쿵짝 네 박자 속에

사랑도 있고 이별도 있고 눈물도 있네

한 구절 한 고비 꺾어 넘을 때 우리네 사연을 담는

울고 웃는 인생사 소설 같은 세상사

세상사 모두가 네 박자 쿵짝

# 사랑은 아무나 하나

2000

[이건우, 태진아 작사, 작곡 미상] - 태진아


사랑은 아무나 하나
사랑은 아무나 하나


사랑은 아무나 하나 눈이라도 마주쳐야지
만남의 기쁨도 이별의 아픔도 두 사람이 만드는 걸
어느 세월에 너와 내가 만나 점 하나를 찍을까
사랑은 아무나 하나 어느 누가 쉽다고 했나


사랑은 아무나 하나
사랑은 아무나 하나


사랑은 아무나 하나 흔히 하는 얘기가 아니지
만나고 만나도 느끼지 못하면 외로운 건 마찬가지야
어느 세월에 너와 내가 만나 점 하나를 찍을까
사랑은 아무나 하나 어느 누가 쉽다고 했나

# 홍시

2004

[나훈아 작사, 작곡] - 나훈아

생각이 난다 홍시가 열리면 울 엄마가 생각이 난다

자장가 대신 젖가슴을 내주던 울 엄마가 생각이 난다

눈이 오면 눈맞을 세라 비가 오면 비 젖을 세라

험한 세상 넘어질 세라 사랑 땜에 울먹일 세라

그리워진다 홍시가 열리면 울 엄마가 그리워진다

눈에 넣어도 아프지도 않겠다던 울 엄마가 그리워진다


생각이 난다 홍시가 열리면 울 엄마가 생각이 난다

회초리 치고 돌아 앉아 우시던 울 엄마가 생각이 난다

바람 불면 감기들 세라 안 먹어서 약해질 세라

힘든 세상 뒤처질 세라 사랑 땜에 아파할 세라

그리워진다 홍시가 열리면 울 엄마가 그리워진다

생각만 해도 눈물이 핑 도는 울 엄마가 그리워진다


생각만 해도 가슴이 찡하는 울 엄마가 그리워진다

울 엄마가 생각이 난다 울 엄마가 보고파진다

# 안동역에서

2008

[김병걸 작사, 최강산 작곡] - 진성


바람에 날려버린 허무한 맹세였나

첫눈이 내리던 날 안동역 앞에서

만나자고 약속한 사람

새벽부터 오는 눈이 무릎까지 덮는데

안 오는 건지 못 오는 건지 오지 않는 사람아

안타까운 내 마음만 녹고 녹는다

기적 소리 끊어진 밤에


밤이 깊은 안동역에서

# 초혼

2010

[김순곤 작사, 임강현 작곡] - 장윤정

살아서는 갖지 못하는 그런 이름 하나 때문에

그리운 맘 눈물 속에 난 띄워 보낼 뿐이죠

스치듯 보낼 사람이 어쩌다 내게 들어와

장미의 가시로 남아서 날 아프게 지켜보네요

따라가면 만날 수 있나 멀고 먼 세상 끝까지

그대라면 어디라도 난 그저 행복할 테니


난 너무 행복할 테니

# 내 나이가 어때서

2012

[박무부 작사, 정기수 작곡] - 오승근

야 야 야 내 나이가 어때서

사랑에 나이가 있나요

마음은 하나요 느낌도 하나요

그대만이 정말 내 사랑인데

눈물이 나네요 내 나이가 어때서

사랑하기 딱 좋은 나인데

어느 날 우연히 거울 속에 비춰진

내 모습을 바라보면서

세월아 비켜라 내 나이가 어때서

사랑하기 딱 좋은 나인데

# 백세인생

2013

[김종완 작사, 작곡] - 이애란

육십 세에 저세상에서 날 데리러 오거든

아직은 젊어서 못 간다고 전해라

칠십 세에 저세상에서 날 데리러 오거든

할 일이 아직 남아 못 간다고 전해라

팔십 세에 저세상에서 날 데리러 오거든

아직은 쓸만해서 못 간다고 전해라

구십 세에 저세상에서 날 데리러 오거든

알아서 갈 테니 재촉 말라 전해라

백 세에 저세상에서 날 데리러 오거든

좋은 날 좋은 시에 간다고 전해라

팔십 세에 저세상에서 또 데리러 오거든

자존심 상해서 못 간다고 전해라

구십 세에 저세상에서 또 데리러 오거든

알아서 갈 텐데 또 왔냐고 전해라

백 세에 저세상에서 또 데리러 오거든

극락왕생할 날을 찾고 있다 전해라

백오십에 저세상에서 또 데리러 오거든

나는 이미 극락세계 와 있다고 전해라

아리랑 아리랑 아라리요

아리랑 고개를 또 넘어간다

아리랑 아리랑 아라리요

우리 모두 건강하게 살아가요

# 남자는 말합니다



[윤명선 작사, 양주 작곡] - 장민호


여행 갑시다 나의 여자여 하나뿐인 나의 여자여

상처투성이 병이 들어버린 당신 여행 가서 낫게 하리다

나란 사람 하나만 믿고 같이 살아온 바보같이 착한 사람아

남자는 말합니다 고맙고요 감사해요 오직 나만 아는 사람아


안아봅시다 나의 여자여 하나뿐인 나의 여자여

고운 얼굴에 쓰여진 슬픈 이야기 오늘 밤에 지워 봅시다

나란 사람 하나만 믿고 같이 살아온 바보같이 착한 사람아

남자는 말합니다 고맙고요 감사해요 오직 나만 아는 사람아


나란 사람 하나만 믿고 같이 살아온 바보같이 착한 사람아

남자는 말합니다 고맙고요 감사해요 오직 나만 아는 사람아

오로지 나만 아는 사람아

# 보릿고개

2015

[진성 작사, 김도일 작곡] - 진성


아야 뛰지 마라 배 꺼질라 가슴 시린 보릿고개 길

주린 배 잡고 물 한 바가지 배 채우시던

그 세월을 어찌 사셨소

초근목피의 그 시절 바람결에 지워져 갈 때

어머님 설움 잊고 살았던 한 많은 보릿고개여

풀피리 꺾어 불던 슬픈 곡조는 어머님의 한숨이었소


아야 우지 마라 배 꺼질라 가슴 시린 보릿고개 길

주린 배 잡고 물 한 바가지 배 채우시던

그 세월을 어찌 사셨소

초근목피의 그 시절 바람결에 지워져 갈 때

어머님 설움 잊고 살았던 한 많은 보릿고개여

풀피리 꺾어 불던 슬픈 곡조는 어머님의 한숨이었소

풀피리 꺾어 불던 슬픈 곡조는 어머님의 통곡이었소

# 못 잊을 사랑



[정의송 작사, 작곡] - 정의송

나를 잊었나 벌써 잊었나 아직도 사랑은 가슴에 남아 있는데

잊으려 지우려 아무리 애를 써봐도 자꾸만 커가는 그리움

이토록 못 잊을 사랑 왜 내가 보냈나 떠나지 마 가지 마 애원할걸

붙잡지도 못하고 떠나지 마 가지 마 매달릴걸

후회하는 바보 돌아와요 웃으며 와줘요

내게는 너 하나뿐이야


이토록 못 잊을 사랑 왜 내가 보냈나 떠나지 마 가지 마 애원할걸

붙잡지도 못하고 떠나지 마 가지 마 매달릴걸

후회하는 바보 돌아와요 웃으며 와줘요

내게는 너 하나뿐이야

내게는 너 하나뿐이야

# 고맙소

2017

[사마천, 알고보니혼수상태 작사, 알고보니혼수상태, 김지환 작곡] – 조항조

이 나이 먹도록 세상을 잘 모르나 보다

진심을 다해도 나에게 상처를 주네

이 나이 먹도록 사람을 잘 모르나 보다

사람은 보여도 마음은 보이지 않아

이 나이 되어서 그래도 당신을 만나서

고맙소 고맙소 늘 사랑하오


술 취한 그날 밤 손등에 눈물을 떨굴 때

내 손을 감싸며 괜찮아 울어준 사람

세상이 등져도 나라서 함께할 거라고

등 뒤에 번지던 눈물이 참 뜨거웠소

이 나이 되어서 그래도 당신을 만나서

고맙소 고맙소 늘 사랑하오


못난 나를 만나서 긴 세월 고생만 시킨 사람

이런 사람이라서 미안하고 아픈 사람

나 당신을 위해 살아가겠소

남겨진 세월도 함께 갑시다

고맙소 고맙소 늘 사랑하오

# 무명배우

2019

[윤명선 작사, 작곡] - 송가인

사랑을 하죠 멜로영화 뜨겁던 그 장면처럼

인생의 마지막 컷이라도 나는 좋아요

사랑을 했죠 대본도 없이 울던 무명배우처럼

당신을 원망 안 해요 사랑은 영화니까

사랑이 사랑을 사랑하면 저 별처럼 빛날까요

아름다웠던 추억, 기억 모두 다 영원히

한 방울 또 한 방울 눈물이 흘러내리죠

나 슬퍼서 아냐 행복해서 울죠

안아줘요 나를, 날 많이 사랑하나요

당신의 품 안에선 나는 주연배우


사랑을 해요 멜로영화 무명배우로 산대도

당신을 원망 안 해요 사랑은 영화니까

사랑이 사랑을 사랑하면 저 별처럼 빛날까요

아름다웠던 추억, 기억 모두 다 영원히

한 방울 또 한 방울 눈물이 흘러내리죠

나 슬퍼서 아냐 행복해서 울죠

안아줘요 나를, 날 많이 사랑하나요

당신의 품 안에선 나는 주연배우

# 별빛 같은 나의 사랑아

2021

[설운도 작사, 작곡] – 임영웅

당신이 얼마나 내게 소중한 사람인지

세월이 흐르고 보니 이제 알 것 같아요

당신이 얼마나 내게 필요한 사람인지

세월이 지나고 보니 이제 알 것 같아요

밤하늘에 빛나는 별빛 같은 나의 사랑아

당신은 나의 영원한 사랑

사랑해요 사랑해요

날 믿고 따라준 사람

고마워요 행복합니다

왜 이리 눈물이 나요


밤하늘에 빛나는 별빛 같은 나의 사랑아

당신은 나의 영원한 사랑

사랑해요 사랑해요

날 믿고 따라준 사람

고마워요 행복합니다

왜 이리 눈물이 나요

KOMCA 승인필 │ 본 책에 수록된 노래 가사는 (사)한국음악저작권협회의 승인을 받았음을 밝힙니다.

협회 비관리곡으로 승인을 받지 못한 〈황성옛터(왕평 작사)〉, 〈타향살이(김능인 작사)〉, 〈목포의 눈물(문일석 작사)〉, 〈짝사랑(김능인 작사)〉, 〈나그네 설움(고려성 작사)〉, 〈청포도 사랑(이화촌 작사)〉, 〈처녀 뱃사공(윤부길 작사)〉, 〈청춘의 꿈(김용대 작사)〉은 한국저작권위원회 법정 허락 제도 승인 진행 중입니다. 절차에 따라 보상금을 지급할 예정입니다.

**삶의 애환을 달래 주는 필사**
**트로트 명곡 100**

1판 1쇄 인쇄 2025년 7월 10일
1판 1쇄 발행 2025년 7월 22일

**서 문** 조성진
**펴낸이** 김기옥

**실용본부장** 박재성
**실용팀** 이소정
**마케터** 서지운
**지원** 고광현, 김형식

**디자인** 퍼플트리 박소희
**인쇄·제본** 민언프린텍

**펴낸곳** 한스미디어(한즈미디어(주))
**주소** (우 04027) 서울시 마포구 양화로 11길 13(서교동, 강원빌딩 5층)
**전화** 02-707-0337 │ **팩스** 031-707-0198 │ **홈페이지** www.hansmedia.com
**출판신고번호** 제 313-2003-227호 │ **신고일자** 2003년 6월 25일

ISBN 979-11-94777-30-4 (03670)

· 책값은 뒤표지에 있습니다.
· 잘못 만들어진 책은 구입하신 서점에서 교환해 드립니다.